SA VIE ET SES ŒUVRES

PAR

FÉLIX VÉRANY,

Collaborateur de la Revue de Marseille et de Provence.

MARSEILLE,
Librairie provençale de V. BOY,
Boulevart Dugommier, 25.

PARIS,
BOURGEOIS DE SOYE, Libraire,
Rue de Seine, 16.

MDCCCLXII.

BALTHAZAR DE VIAS

Marseille. — Imprimerie de veuve Marius OLIVE, rue Paradis, 68.

BALTHAZAR DE VIAS

SA VIE ET SES ŒUVRES,

PAR

FÉLIX VÉRANY,

Collaborateur de la Revue de Marseille et de Provence.

MARSEILLE,
Librairie provençale de V. BOY,
Boulevart Dugommier, 25.

PARIS,
BOURGEOIS DE SOYE, Libraire,
Rue de Seine, 16.

MDCCCLXII.

A MONSIEUR JOSEPH MÉRY.

MONSIEUR,

Pourquoi, quand un auteur lance un ouvrage, éprouve-t-il le besoin de se mettre sous un patronage puissant? — Est-ce que le nom illustre qui décore les premières feuilles peut les faire lire quand même, et le succès d'un livre peut-il quelquefois être déterminé seulement par celui à qui il est dédié? — Simple question, que je ne veux pas résoudre; je croirais pourtant que ce n'est pas autre chose que l'éternelle histoire de l'individu qui se sent isolé et cherche au-dessus de lui un point solide auquel il puisse s'attacher, et qui, dans la lutte si forte qu'elle soit, puisse lui apporter un appui quelconque; Etaient-ils autre chose ces **Clients** des grands de la vieille Rome; et de nos jours n'est-ce pas encore la grande histoire du protecteur ou du protégé.

Lafontaine a raison quand il dit :

On a souvent besoin d'un plus petit que soi.

Mais il aurait pu dire aussi, et personne ne l'aurait démenti :

On a souvent besoin d'un bien plus grand que soi.

Or, cette fois-ci, c'est justement le cas où je me trouve. Un petit opuscule veut voir le jour; tout est à peu près inconnu, l'homme qui écrit et l'homme dont on écrit. Si vous livrez à la masse un tel aliment, qui voulez-vous donc qui s'en nourrisse?

Pourquoi porterait-on à la bouche un mets indigeste peut-être ? Il faut qu'un homme connu de tous dise hautement qu'il n'y a rien à craindre et alors peut-être, quelques personnes se décideront, sur la foi du protecteur, à souhaiter timidement la bienvenue au protégé. Il est vrai que bien souvent tout cela se fait uniquement pour plaire à celui qui patrone, mais on le fait tout de même, et l'auteur arrive ainsi parfois à avoir les miettes qui roulaient aux pieds de Lazare ; c'est triste à dire, mais c'est cela, et cependant celui qui encourage le débutant, celui qui met son nom en tête de l'ouvrage comme pour l'abriter sous son manteau, celui-là est un noble cœur ; il connaît les incertitudes et les ténèbres de la route, et il voudrait l'éclairer pour que celui qui n'avance encore qu'en tremblant ne se heurtât pas inutilement aux premières pierres.

Pardonnez-moi donc, si j'ai voulu qu'un nom comme le votre parût au frontispice des lignes que je publie, ce sera pour moi plus qu'un espoir de succès, ce sera un gage de sympathie que vous me donnerez, et ces gages-là sont pour moi bien précieux.

FÉLIX VÉRANY.

St-Mitre-lès-Marseille, 22 mai 1859.

PRÉFACE.

C'est toujours avec hésitation que l'on livre au public un travail littéraire, quel qu'il soit. Tant de goûts sont à contenter, tant d'obstacles sont à franchir, que l'on doit comprendre combien le cœur doit battre lorsqu'on remet entre les mains de l'éditeur ce fruit de vos veilles, cet enfant trop choyé peut-être qui va affronter les regards d'un lecteur toujours difficile; je dis difficile, et cependant les encouragements et les éloges pleins de bienveillance ne m'ont pas manqué; mais je crois que c'était le débutant que l'on fêtait bien plus que l'ouvrage lui-même; la presse locale et celle de Paris ont voulu toutes deux rendre plus douce au nouveau venu cette route pénible et remplie d'écueils de la littérature; je les remercie néanmoins de tout cœur; la place que je demandais au soleil était modeste; on s'en est aperçu, et l'on n'a pas cru devoir rebuter mes premiers efforts. Pour reconnaître ces éloges, j'ai cru devoir travailler encore, et je viens aujourd'hui livrer au public la vie d'un poète, dont les œuvres sont devenues bien rares, mais qui, par sa vie et ses travaux n'en est pas moins recommandable aux yeux de ceux qui, chez nous, s'occupent de l'histoire locale.

Qu'on me permette seulement, avant de commencer l'exposition de mon travail, de dire un mot sur une publication aussi précieuse qu'appréciée, je veux parler de la *Revue de Marseille et de Provence.*

Depuis longtemps, soit à cause de l'obscurité qui recouvrait tous les matériaux, soit par négligence et insouciance de ses érudits, la Provence, qu'on nous pardonne cette comparaison un peu hasardée, était passée à l'état de fossile. On savait qu'à un autre âge, qu'à une période plus ou moins éloignée, des hommes recommandables avaient existé, des intelligences avaient brillé ; mais sous la pression de tel ou tel évènement inconnu, tout avait disparu ; de temps à autre, un fouilleur plus ou moins patient avait beau mettre au jour un débris illustre, on s'inclinait et tout était dit.

Ce qui faisait cela, c'est qu'il n'y avait pas quelqu'un ou quelque chose qui frappât à chaque instant sur notre esprit pour le réveiller de son engourdissement ; ce qui faisait cela, c'est qu'il n'y avait pas de route tracée, de chemin à suivre, et que, comme nous sommes de grands enfants paresseux et routiniers, nous préférions rester chez nous, plutôt que de nous fatiguer à remuer nos souvenirs et notre passé. Mais la *Revue de Marseille et de Provence* a, par son apparition, été plus qu'utile ; elle a été bienfaisante. Sous son large manteau de charité, elle a pu abriter à la fois l'intelligence et la science. Elle a ouvert sa porte aux badinages de l'esprit ; elle a souri, gracieuse et bonne aux poèmes du cœur ; elle a su, créature généreuse, trouver une bourse pour toutes les infortunes. Cette publication est donc, nous le répétons, mais on nous le pardonnera, plus qu'une chose utile, elle est un bienfait ! Aussi, à sa voix, tout ce qui pense, dans notre beau pays et même ailleurs, tout ce qui agit, tout ce qui écrit, *omne vivens*, s'est groupé autour d'elle. Les vieux érudits se sont replongés dans leurs jaunes parchemins ; les touristes ont repris leur bâton de voyage, et, tour à tour, nous avons vu passer devant nos yeux les portraits de nos peintres, de nos écrivains, de nos magistrats, les silhouettes de nos vieilles chapelles et jusqu'aux ruines de nos monuments à demi-renversés.

On dira peut-être que nous sommes enthousiaste ; c'est possible ; nous croyons néanmoins rester dans les bornes de la stricte vérité, et ce sera là notre seule excuse. La *Revue de Marseille et de Provence* a travaillé pour tous. Que chacun, à son tour, travaille pour elle, et le but qu'elle poursuit sera heureusement et dignement atteint.

« La mémoire de tous ceux qui ont illustré notre patrie doit nous être chère. »

L'abbé A. BAYLE.

(Discours sur Marius-Claudius Victorinus, poète de Marseille au Ve siècle, lu à l'Académie de notre ville, le 22 mai 1853.)

BALTHAZAR DE VIAS.

Entre les hommes distingués dont la Provence peut à juste titre se dire fière, il en est un qui fut aussi célèbre par sa science que par ses qualités du cœur. Cet homme était Balthazar de Vias. Issu de glorieux ancêtres, il ne laissa pas déchoir l'éclat de son nom et sut même y ajouter une auréole resplendissante; Il tint à conserver sans tâche sa devise et son blason, et il s'appliqua complétement ces paroles du psaume XXIV : « Vias tuas, Domine, demonstra mihi *. »

* Cette famille, dont l'écusson, comme dit Robert de Brianson, dans son *Armorial de Provence*, « porte de gueules à une croix d'or doublement potencée d'argent, au chef d'or chargé de trois coquilles de sable, avait pris pour devise ces mots du psaume XXIV: *Vias tuas, Domine, demonstra mihi*, par allusion au nom et aux armes de De Vias. »

Parmi les membres illustres de celui dont nous livrons la vie à la publicité, nous remarquons entr'autres: Jean-Baptiste de Vias, qui obtint de Louis XIII, en considération de ses services, une pension de 300 livres; Bertrand de Vias, assesseur de Marseille, membre des Etats d'Orléans en 1552; Jacques de Vias, conseiller et maître des requêtes de Catherine de Médicis et nommé en 1585 consul français à Alger. C'est l'union de ce dernier avec Delphine Sommati*, qui donna naissance à Balthazar de Vias, le 14 septembre 1587, et non le 19 du même mois suivant Bougerel, auquel nous empruntons les principaux détails de la vie du savant qui fait l'objet de notre opuscule.

De Vias nous donne lui-même le jour de sa

* Dans le village de Séon-Saint-Henri, il existe une vieille et antique tour carrée connue sous le nom de *Soumati, Saumati* ou *Sommati*. Cette ancienne construction qui servait autrefois de sémaphore ou de signal, suivant l'étymologie ΣΗΜΑ qui veut dire signe, et qui vient d'être récemment réparée, était enclavée dans une propriété qui avait appartenu, dit on, aux De Vias qui furent les premiers à en jeter les fondements.

naissance dans son beau poème *des Grâces* qui n'est ni plus ni moins que le résumé de sa vie :

Illa ergò, quæ dixi, tibi lux bis septima possit
Septembris fausta semper adesse die.
CHARITES, *Idyllium XXVIII*, f° 167.

. . . « Que le quatorzième jour de septembre, comme je l'ai dit, puisse toujours t'être favorable. »

C'est à propos de ce poème qu'un poète, dont nous ignorons le nom, lui adressa ce quatrain :

De Vias, votre sort est aimable;
Des Grâces nous prenons nos plus gracieux traits.
Mais vous avez un secret admirable;
Vous savez seul donner aux Grâces leurs attraits.

A cette époque, les Marseillais subissaient la pression des ligueurs, que dirigeait le consul Cazaulx. Ceux qui s'opposèrent à cette tyrannique domination furent contraints de quitter la ville. Le père de notre poète se trouva dans ce cas, et Pise lui servit de refuge.

Vix bene jam primam poteram distinguere vocem,
Blæsaque cum pueris verba referre puer :

Cogor Thyrrenæ, cum matre per æquora, puppe
Deferri ad portus Tusca, Livorna, tuos.
Exul erat Pisis genitor, quem sæva Tyrannis
Cazali à patriâ cogit abire domo.
Patricius procul ordo fuit depulsus ab urbe,
Hoc tantum intulerant civica bella nefas.

CHARITES, *Idyllium LIX*, f° 89.

« A peine pouvais-je distinguer mes premières paroles, que je fus obligé de partir pour Tyrrhène, et d'aborder à ton port, ô Livourne. Mon père était exilé à Pise, mon père forcé par Cazaulx de fuir ses foyers; tels étaient alors les désastres de la guerre civile. »

L'enfance de Balthazar de Vias se passa en Toscane où sa mère l'avait conduit, et il ne retourna dans nos murs qu'après que Pierre Libertat eût délivré, en 1696, la cité phocéenne du joug de Cazaulx.

A peine âgé de six ans, De Vias donna les preuves d'une intelligence précoce. On veilla avec un soin assidu à son éducation qui, plus tard, devait nous donner un homme de génie. En effet, les muses latines furent ses premières amours; Phébus et l'Hélicon lui procurèrent de doux loisirs. Avant de connaître le nom et le titre de poëte, il faisait des vers, croyant ne pouvoir exprimer autrement ses pensées. Sans travail la poésie s'échappait de de sa plume ; « Tout ce qu'il voulait dire était vers. »

Primus amor mihi Musa fuit, Phœbusque, Heliconque
 Fecerunt studiis otia grata meis.
Nondum cognôram nomen titulumque poetæ ;
 Ipse mihi nondum Tytire notus eras.
Nectebam numeros, ratus hos utcumque decere,
 Credulus haud aliter me potuisse loqui.
Nec labor ullus erat subitos effundere versus,
 Et quicquid volui dicere carmen erat.

CHARITES, *Idyllium LIV,* f° 90.

On reconnaîtra facilement ici les vers d'Ovide ; nourri de l'antiquité, de Vias a ici eu une réminiscence, ou peut-être, est-ce une citation qu'il fait et qu'il s'applique à lui-même ; la passion qu'il eut pour la poésie lui fit considérer ceux qui se livraient à cet art « comme des divinités. » Son imagination enthousiaste, toujours portée vers ces idées, lui attira, rapporte un de ses historiens, la bienveillance des Muses, auxquelles il se voua tout entier.

C'est alors que le monde littéraire commença à apprécier ses productions. Semblable à un jeune poète * qui naguère faisait l'ornement de notre académie et qu'une mort prématurée a dérobé à la science, les vingt printemps de de Vias firent éclore un ouvrage qui certainement aurait dû lui donner un rang mérité parmi les Pic de la Mirandole, les Erasme, les Longueil, etc., qui s'acquirent, dès leur enfance, une juste célébrité. Henri IV reçut sa première œuvre, et, au milieu du frontispice qui la couronnait, brillait ceci : Henricæa (1 vol. imprimé à Aix, chez Tolozan, en 1606) ; de Vias lui parle en ces termes :

Si, lector, mea musa rudi balbutiat æstro,
Nondùm bis annos attigit illa decem.
Prima placent, vernoque solum recreatur in astro,
Herba licèt veniat fructibus orba suis.

CHARITES, *Idyllium LIX*, f° 88.

« Lecteur, si ma muse balbutie, c'est qu'elle n'a pas encore atteint sa vingtième année.

* Paul Reynier. — Voyez ses œuvres, précédées d'une notice biographique par M. l'abbé A. Bayle.

Les primeurs font plaisir et le feuillage plaît, quoique le fruit n'y soit point encore. »

Mais là un écueil, sans doute inévitable, l'attendait ; il sut néanmoins le franchir par ces mots :

> Respuis ætatem, frontem venerare libelli,
> Hoc jubeo ; Henricum pagina nostra gerit.
>
> CHARITES, *Idyllium LIX*, f° 88.

« Si tu méprises mon âge, honore au moins le titre du livre, car mes pages parlent d'Henri. »

On le voit, le charme de simplicité naïve qui anime cette épitre était bien fait pour faire accueillir favorablement un ouvrage empreint d'une si rare modestie. Il est vrai que parfois de Vias ressemble à Diogène qui faisait de l'orgueil avec les trous de son manteau ; mais ne perdons jamais de vue l'époque où il écrivait. Rappelons-nous que le siècle où il vivait aimait plus que toute autre chose l'enflure et le *Phébus*, et que si parfois quelques taches se glissent à travers de nombreuses beautés, il ne faut pas jeter la pierre à de Vias, mais bien plutôt lui savoir gré de n'avoir pas trop sacrifié au goût de son époque.

Par une comparaison ingénieuse, et peut-être aussi par une flatterie qu'il faut pardonner aux poètes, et dont se sont rendus coupables Horace et Virgile quand ils parlaient d'Auguste, il place Henri au dessus des héros les plus estimés de l'antiquité! Dans un cadre de 176 pages, Marie de Médicis et le Dauphin y sont successivement chantés dans des épithalames et des généthliaques élégants ; ce qu'il faut reconnaître cependant, c'est que de Vias comprit plus tard, mûri par l'âge et l'étude, ce que ses éloges renfermaient de faiblesses.

Comme Virgile voulant brûler son Enéïde, il croit, lui aussi, son œuvre indigne d'obtenir la faveur souveraine, et la condamne à périr, sans jamais recevoir une étincelle de gloire.

Cette production ne méritait pas, bien certainement une condamnation aussi dure de la part de notre poète, car, dans ses dernières inspirations, aussi bien que dans les premières, on pouvait louer une intelligente facilité.

Craignant l'oisiveté autant qu'il aimait l'étude, de Vias ne trouvait pas de passe-temps plus agréable que celui qu'il se procurait en cultivant la poésie. Il ne négligea pas, néanmoins, les occupations qui pouvaient lui ouvrir une brillante carrière et il suivit avec assiduité son cours de droit à Aix-en-Provence. Il fut bientôt reçu docteur, et l'éclatant succès qu'il remporta à cette occasion ne tarda pas à lui rendre accessible la voie des honneurs. La magistrature l'admit dans son sein, et les faveurs multipliées qu'il obtint, loin d'ébranler sa résolution de rester fidèle aux muses, ne firent que le raffermir dans son dessein,

Guillaume du Vair *, premier président au parlement d'Aix, et qui fut aussi garde des sceaux du royaume, à cause de l'éclat qu'il

* Ce magistrat, qui aimait beaucoup la science et l'étude, sut s'attirer l'estime des sommités littéraires que renfermait alors la Provence, notamment Malherbe, Peyresc et Charles Fabrot. Abandonnant quelquefois les travaux difficiles de la magistrature, il se *délassait* en composant des vers latins, et bien souvent un mot d'encouragement vint s'adresser à la jeunesse de de Vias, ce dont celui-ci lui garda une profonde reconnaissance. Ce ne fut pas d'ailleurs le seul à qui du Vair donna de nobles conseils et de sages paroles. On le vit souvent, dans sa propriété de *la Floride*, présider à des réunions scientifiques, rendez-vous de la jeunesse. C'est à cette pépinière de savants marseillais que notre ville doit la publication des premières poésies faites à cette époque.

sut donner au langage français à Marseille, reçut en 1609, *l'Apologie de l'Astrée, Astrææ Apologia* (un vol. in-4°), de Balthazar de Vias.

En 1610, notre poète fut le premier à donner l'élan des discours oratoires dans notre ville, dans une oraison funèbre qu'il prononça sur la mort d'Henri IV *. Cet éloge, fort éloquent pour l'époque, vit le jour en même temps qu'une pièce poétique à laquelle de Vias donna ce titre : *Generalis Erato, ubi præcepta Chironis ad Lud. XIII, Parisiis* 1610.

Il nous parle d'ailleurs lui-même de cet ouvrage dans des vers qu'il fit plus tard :

Ludoïci cunas cecini, præceptaque Chiron
Qualia Pelidæ dixerat, illa dedi....

CHARITES, *Idyllium LIX*, f° 92.

« J'ai chanté le berceau de Louis, et j'ai donné les préceptes mêmes que donnait Chiron au fils de Pélée. »

Ce dernier travail valut à de Vias d'unani-

* Voy. Harangue funèbre sur la mort du très-chrétien roi de France et de Navarre, Henri IV, faite et prononcée en la maison de ville de Marseille, par le sieur B. de Vias. Paris, J. Ribert, 1610, in-8°.

mes éloges et commença à étendre sa réputation; aussi, désigné par l'estime publique, il fut nommé assesseur de Marseille. Les états généraux qui se tinrent en 1614 l'y virent fonctionner avec beaucoup de dignité. Ce fut à cette occasion qu'il fit à la cour deux harangues que chacun remarqua.

Hâtons-nous de dire, cependant, que bien que ces allocutions aient été jugées dignes d'être imprimées, elles eurent pourtant moins de retentissement que les diverses poésies qui, quelque temps après, élevèrent si haut la renommée de de Vias.

Vu leur peu d'étendue, nous nous permettons de les reproduire ici littéralement :

« Sire, vostre ville de Marseille, très-fidèle et affectionnée au service de vostre couronne, nous a déléguez vers votre Majesté pour l'asseurer de l'obéissance et fidélité qu'elle vous a voué pour se maintenir et conserver ferme soubs les loix de vox commandements; ce vœu nous estant comme naturel et affermy en nous, dès nostre estre, nous l'augmentons et fortifions encores par les obligations que nous avons de recognoistre les bien-faicts que votre Royale bonté et Iustice exercent sur voz subiects, ce que ne leur donne moins d'occasion de vous craindre que de vous aymer, puis que régnant heureusement votre Majesté dans les cœurs des François aussi bien que dans le cœur de la France, nous n'avons pas moindre subject de vous obéïr par crainte qu'à vous servir par amour. Aussi, Sire, vostre minorité ayant esté guidée par la prudence et régence d'vne si généreuse Royne, Madame vostre mère, tout vostre Royaume ne pouvait attendre de ceste administration qu'un siècle fructifiant en bon-heur et qu'espérer auec la croissance de vostre aage l'accroissement de vostre Royale grandeur, laquelle le sainct Génie qui préside à vostre bon-heur a esleuée si haut qu'il faut que tout l'Univers la réuère comme une déïté tutélaire du reste des grandeurs de la terre, le Ciel ayant versé tant d'heureuses influences à vostre sacré couronnement que l'Empire du monde semble vous avoir esté donné en partage pour y commander en seul Monarque ; car tous voz subiects qui portent leurs vœux à l'égal de ce que promettent de vostre valeur, se soubmettent si volontairement soubs les loix d'un gouvernement si heureux et pacifique que leur liaison et union ne dissipe pas moins les desseins témérères de tous ceux qui voudroient troubler le repos et tranquilité publique de vostre Royaume, qu'il fortifie et accroist nos affections voire les plus estrangères au seul service de vostre couronne. Ce sont, Sire, vos bien-faicts et vostre bon-heur, lesquels vnissans d'un lien d'amour vostre peuple à vostre France promettent pour longues années à vostre Majesté tout autant de prospéritez pour fortuner vos actions, et de puissance pour régner sur la terre, que nous prions le Ciel vouloir donner de victoires à vostre valeur et de triomphes à vostre gloire. »

Voici la harangue « faicte à la Royne :

« Madame, la Ville de Marseille qui première a eu l'honneur de vous recevoir dans la France, non moins affectionnée et obéissante à vostre service, qu'obligée aux bienfaicts que tout ce royaume a receu de vostre administration et Régence, consacre aux autels de vostre Majesté ses vœux de fidélité comme à une déité tutélaire du bon-heur de ceste couronne : car, c'est vous, Madame, qui ayant eslevé par vostre prudence au plus haut des grandeurs Royales, les ieunes ans de nostre Roy vostre fils, le nom de Royne Régente ne nous a pas esté moins majestueux que vous est glorieux Celuy de Royne mère, et vostre Royauté ne peut estre plus admirable et vtile aux François, que vostre Régence leur a esté nécessaire ; que si comme Royne vous deuancez en Majesté voire en beauté toutes les Princesses de l'vnivers, de mesme comme Régente vous avez surpassé en bonté et en prudence tout ce que par ses deux qualitez peut estre de meilleur sur la terre. Aussi comme espouse du plus grand Monarque qui ait iamais porté sceptre, et dont la gloire viura par dessus la durée du monde, vous ne pouvez estre que la plus glorieuse Royne, la plus fortunée mère et la plus parfaicte Régente que les siècles présents et aduenir puissent produire, chacun vous recognoist pour telle, et croit-on que les Cieux, jaloux du bon-heur de ce Royaume, ont logé en vous quelque déïté pour guide à vos actions royales, actions plus miraculeuses qu'humaines, et dont la perfection asseure tellement l'estat de ceste Monarchie que nous pouuons maintenant borner sa fin à l'égal de l'éternité, et avec les armes du Roy vostre fils limiter son estendue par tout l'vnivers ensemble, la France doit ce bon-heur à vostre Majesté, car la paix et les prospéritéz qui la félicitent y sont par vostre moyen establies et ne craignent point d'en sortir tant qu'un rayon de voz yeux y éclairera pour dissiper les nuages que les diuisions y pourroient émouuoir, veu que les tempestes se calment à vostre aspect et que la grâce attrayante de vostre Majesté peut triumpher par amour de tout ce que les armes peuuent acquérir par la force. Viuez doncques heureuse, Madame, et que les cieux influent sur vous tout autant de bon-heur et de félicitez que tout ce Royaume en a receu par vous, et acceptez, s'il vous plaist, d'vn œil benin et Royal, les vœux et les affections de vostre Marseille qui, ayant eu première l'honneur de vous faire Françoise, se promet de receuoir de vostre majesté les faveurs qu'en a receu toute la France. * »

Après la lecture de ces deux harangues, on comprendra facilement que nous n'avons voulu montrer qu'une chose, ce qu'était le style de l'orateur ; on y voit en effet ces longues phrases interminables et embrouillées, phrases de cette époque où la langue française s'employait rarement pour de pareilles cérémonies; le latin, avec ses tournures et son génie spécial, dominait encore dans les discours officiels, et

* Voyez Harangues faictes au Roy et à la Royne par M. Balthazar de Vias, assesseur et député de la ville de Marseille aux Estats généraux de France. — A Paris, par Clavde Hvlpeav, ruë Merderet, près l'hostel de Bourgogne, MDCXV.

Nous voudrions de vive voix remercier M. Henri Reimonet de toutes les intéressantes communications qu'il nous a faites, car c'est à lui que nous devons la découverte des deux harangues prononcées par De Vias; mais la mort l'a moissonné comme tant d'autres de nos jeunes gloires littéraires. Affabilité, désir ardent de plaire et d'être utile à tous, bienveillance sans bornes, tels étaient les traits distinctifs de ce caractère qu'on aimait dès qu'on le connaissait.

Possesseur de véritables trésors bibliographiques, il les montrait entièrement, sans réserve, comme s'il n'eût été que le dépositaire de toutes ces richesses. Nous avons pu largement y puiser, et l'on nous pardonnera ce court éloge en sachant que celui dont nous parlons aurait mieux mérité que quelques mots rapides prononcés par une bouche aussi inexpérimentée que la nôtre.

le monarque, bon gré mal gré, se voyait salué dans la langue plus ou moins bien parlée de Cicéron et de Quintilien.

De Vias dérogea à cette habitude et il fit bien ; mais malgré lui les réminiscences de la langue étrangère le dominent, et l'impression qui vous saisit en lisant les lignes que débite le magistrat, c'est que vous parcourez une simple traduction d'un discours latin. Un autre défaut de l'époque c'est l'amour des antithèses; ces oppositions, plus brillantes que de bon goût, semblaient avoir le don de frapper davantage l'esprit de l'auditeur, et nous les voyons trop souvent employées avec peu de discernement.

Quant aux pensées, nous n'en parlerons pas. En général, tout discours officiel se résume en deux mots : le sujet dit : Prince, vous êtes un grand roi ; Princesse, vous êtes un phénix ; et le roi et la reine n'ont qu'à répondre : Merci, je m'en doutais, mais vous êtes bien bon de me l'avoir répété. Seulement, de nos jours, on cache la flatterie sous une enveloppe plus fine; on dit la même chose qu'autrefois, mais moins brutalement, et nous convenons qu'en cela le siècle a progressé; c'est toujours quelque chose ! Nous ajouterons en terminant qu'à notre avis, le seul mérite de ces allocutions est d'avoir été dites en français, et ce qu'on ne niera pas, c'est que ce seul mérite est un titre de gloire pour de Vias, aussi est-ce justement à cause de cela que nous avons voulu mettre ces deux pièces sous les yeux de nos lecteurs.

En 1612, de Vias, par l'entremise de Peyresc, son excellent ami, fit la réception la plus sympathique à Jean Barclay. Ce savant qu'une fraternité d'idées liait intimément à notre poète, avait demeuré dix ans en Angleterre, où il s'était fait remarquer par la publication d'un poème latin sur le couronnement de Jacques 1er; mais en 1616, il fut forcé de passer en France, à la suite de plusieurs ouvrages qu'il fit contre les ultramontains, et qui le rendirent odieux aux yeux de certains catholiques. Il se dirigea alors sur Rome et fut accueilli avec faveur par la cour pontificale, à qui il présenta une apologie qui confondait les calomnies portées contre lui. Cette œuvre se trouve reproduite dans un fameux roman allégorique : *Euphormion*, qui devint célèbre en même temps que son *Argenis*, dans lequel Richelieu avait cru trouver les éléments de sa politique.

Quatre ans après la visite de cet écrivain, Balthazar de Vias reçut chez lui Louise Débonnaire, épouse de Jean Barclay. Elle se rendait à Rome avec son enfant pour rejoindre son mari qui y mourut le 12 mars 1621. Notre poète, après lui avoir offert la plus bienveillante hospitalité, lui prodigua mille soins et mille prévenances, et lorsque Louise partit pour la capitale du monde chrétien, de Vias lui envoya une missive dont nous citerons quelques passages remplis de délicatesse et de sensibilité : « La lettre que je vous écris, lui dit-il, est de celles qu'une femme peut recevoir dans l'absence de son mari. L'amour que j'ai pour vous ne me fait écrire que ce que dicte l'honneur ; aussi je ne crains pas qu'elle soit blâmée, même par les plus gens de bien. » *

* Voyez le P. Bougerel.

Sous ce titre : *D. Aloysiæ Barclaiæ et D. Aloysiæ Debon-*

Dans un tableau franc et poétique, il lui témoigne le regret qu'il a de la voir s'éloigner de sa maison et lui avoue combien il eût désiré qu'une tempête ajournât son départ; mais heureux néanmoins que ses souhaits ne se fussent pas accomplis, il suppliait les Dieux de veiller sur elle. De là, se livrant à son inspiration poétique, il la voit traverser heureusement la mer escortée par les Tritons et les Néréïdes.

Passant rapidement sur l'éloge du fils, il revient à la mère pour terminer par ce vers charmant.

Cum sis musa viro, vir sit Apollo tibi.

« Comme vous êtes la muse de votre époux, qu'il soit votre Apollon. »

Jean Barclay répondit à cette lettre flatteuse; se servant du même genre de poésie, il écrit à De Vias, au mois d'avril 1616, que sa femme lit et relit ses vers si touchants; arrivant ensuite au récit du voyage : « Hélas, fait-

naire Barclaiæ responsia, on lit ces lettres dans le poème des Charites de de Vias.

il dire à sa femme, il s'en fallait bien que notre vaisseau fut escorté de nymphes et de ces Néréides qui ne furent peut-être jamais. » Et plus loin : « Si je viens à périr, qu'au moins de Vias, ce divin poète, sache mon malheur ; il me pleurera, et sa muse fera entendre au loin ses regrets et mes infortunes ; ainsi mon mon sort sera semblable à celui de Ceix. Je connus par mon expérience, dans cette occasion, que les Dieux se laissent fléchir par nos prières ; peut-être, lui dit-elle, vous en faisiez aussi alors, car aussitôt les vents cessèrent, et la Toscane parut.* »

Après ces détails de traversée, la reconnaissance lui dicte aussi de nobles sentiments. Elle loue tour à tour les Médicis et les Peyresc ; puis elle termine en appelant la femme de de Vias sa sœur, en la priant de réserver à Jean Barclay le nom de frère.

A partir de 1616 jusqu'en 1623, la lyre de

* Voyez : Mémoires pour servir à l'histoire de plusieurs hommes illustres de la Provence. Paris MDCCLII. Imprimerie d'Hérissant.

notre poète resta muette. Mais à cette époque il fit paraître une production admirable qui lui avait coûté sept années de travail. Le but de l'ouvrage fut désigné par ces mots : *Silvæ Regiæ Balthazaris de Vias, nobilis Massiliensis, ad Ludovicum Justum, Galliarum ac Navarræ Regem christianissimum, quibus selecti Francorum annalium et politioris litteraturæ flores inseruntur*. Parisiis, 1623, in-4° Buon. « Les forêts royales de B. de Vias, noble Marseillais, à Louis le Juste, roi très-chrétien de France et de Navarre, dans lesquelles sont renfermées les fleurs choisies des annales de France et de la littérature. — Paris 1623, in-4°, chez Buon.

De Vias divise ses *Silves* en douze poèmes accompagnés chacun d'un appendice en prose d'une érudition merveilleuse. L'histoire de nos rois de France y est développée avec une grande habileté, et Louis XIII, qui termine cette longue phalange de monarques, y joue le principal rôle; son sacre, ses emblêmes, sa maladie, tout y est harmonieusement traité.

Il a su donner une place élégante au mouvement maritime de Marseille, à la paix, à la navigation française toute entière. Le dernier chant, en forme d'apothéose, porte le nom d'Uranie, en l'honneur de l'immortalité du peuple français.

Les *Silves* de de Vias brillèrent d'un vif éclat à Paris, Orléans, Anvers et dans plusieurs villes d'Italie. Aussi fait-il des vœux pour qu'elles passent à la postérité et que les heureux présages d'Uranie soient un jour l'objet d'une réalisation prochaine :

Gallorum fasti, celebrandaque regna triumphis
Tradita sunt silvis non sine laude meis.
Hæc precor ut vivant, et quæ præsagit in illis
Urane, famæ sint rata fata meæ.

« Les hauts faits des Français et les triomphes des rois ont été célébrés dans mes Sylves. Je souhaite qu'ils vivent longtemps et qu'Uranie accomplisse heureusement ces présages. »

En 1627, il fut nommé consul perpétuel, à Alger, en remplacement de son père qui démissionna en sa faveur On assure néanmoins qu'il n'occupa jamais ce poste et qu'un délégué fut autorisé à le remplacer ; il le dit lui-même par ces vers :

Perpetuus recxi commercia Gallia consul,
Et coluit fasces Africa terra meos.
Substitui qui jura darent, Turcæque feroci
Imperii solo nomine notus eram.

CHARIT. f° 92.

« J'ai dirigé le commerce français comme consul perpétuel, et l'Afrique a vénéré mes faisceaux. J'ai mis à ma place quelqu'un pour dicter des lois au turc féroce. Je n'étais connu que par l'autorité de mon nom. »

La protection royale continua à s'étendre sur de Vias. Louis XIII lui conféra le titre de gentilhomme et, en 1647, il reçut celui de conseiller d'état.

Gessimus et patrios civila munera fasces,
Legatus regi principibusque fui ;

« J'ai été magistrat dans ma patrie, et tour à tour ambassadeur du roi et des princes. »

Au milieu des splendeurs de la Cour, de Vias n'oublia pas ses chères Muses, objet de ses affections les plus douces ; son esprit fécond célébra cette fois le trône pontifical.

Dans un panégyrique qu'il fit sur Urbain VIII, *Panegyricus ad Urbanum VIII, Aquis-Sextiis et Romæ*, 1628, de Vias déploya tant de goût et de savoir qu'il s'attira, de la part du chef de l'Eglise, de grandes marques de félicitations. Mais là ne s'arrêtèrent pas les munificences du Pape. Dans le bref qu'Urbain lui expédia, de Vias est invité à venir résider à Rome et il est de plus choisi pour contrôler les écrits de Sa Sainteté avant qu'ils soient livrés à la publicité. Charles Duperrier, admirateur des poésies de notre héros, nous fait connaître qu'Urbain *, qui était aussi un

* « Urbain VIII, natif d'une illustre famille de Florence, 242me pape, fort versé es-langues et es-sciences, et spécialement en la langue grecque et en la poésie. Au reste, grandement libéral envers les hommes Doctes et autres personnes de mérite. Après avoir esté envoyé nonce en France, il fut créé cardinal par Paul V et évesque de Spolette en la Romagne. S'est employé généreusement à la pacification de la Valteline : a orné et annobly la ville de Rome de quelques temples palais, et autres forteresses très-superbes. Envoya ces dernières années, l'illustrissime cardinal François Barberin, son neveu, pour légat en France ou en Espagne, afin de faire une réunion entière

poète distingué, adressa à de Vias ces paroles :

« Est-ce que le Pontife souverain ne te distingue pas des autres poètes en te donnant ses ouvrages à approuver avant qu'ils parcourent le monde ? »

On comprend que ce fut alors avec raison que Balthazar de Vias pût tenir ce langage :

> ... Urbanus summus, summæque tiaræ
> Conspicuum a nostro carmine lumen habet.
>
> Chant, f° 92.

« Urbain le Souverain Pontife reçoit de nos vers un éclat remarquable. »

Ces deux vers nous suggèrent une réflexion : il nous semble que de Vias est ici plus ou moins modeste ; mais faut-il lui en faire un reproche ? Je ne sais ; en général, chez les poètes, un fait se présente souvent ; désireux de rehausser celui qu'ils chantent, plus dési-

de ses deux puissans royaumes. Ce digne prélat a gouverné fort sainctement l'église catholique l'espace de vingt-un ans, pour l'augmentation et gloire de laquelle Dieu l'a voulu combler de ses célestes bénédictions. »

(*Dictionnaire théologique, historique, etc.* par Juigné.)

reux peut-être de donner à la poésie dont ils sont les prêtres une place plus élevée que celle qu'on lui donne parfois, ils sont tentés d'élever outre mesure l'importance de leur apostolat et de leurs services ; peut-être aussi n'est-ce qu'une digne et noble fierté, élan un peu exagéré mais respectable pourtant de l'intelligence et de l'esprit ; seulement nous sommes persuadé que si la modestie n'exclut pas la fierté, elle ne pourra jamais vivre avec l'orgueil, et que bien souvent le talent trop choyé trouve ce dernier pour compagnon au coin de sa route. Heureusement ce n'est pas là le cas pour notre poète ; il sut résister aux entraînements de la louange ; on voulut lui faire quitter sa patrie; il y tenait trop et il y était assez bien considéré pour ne pas avoir le désir de partir.

Urbain VIII comprit ce refus assez légitime et ne cessa de lui conserver toujours une profonde estime.

Le panégyrique du père commun des fidèles fut suivi d'une autre œuvre à propos du siège de La Rochelle et de l'expédition en Italie : *Rupella obsessa et expeditio in Italiam, ad Ludovicum XIII*, 1628.

En 1642, cinq ans après la mort de Peyresc, le Mécène des savants de son temps, de Vias publia à Marseille la fameuse oraison funèbre de cet homme célèbre. *In clarissimum virum Nicolaum-Claudium-Fabricium de Peyresc, senatorem aquensem, Epicidion. Mass. Par.* 1642.

Il la dédia ensuite à L. Emmanuel de Valois comte d'Alais. Cet Emmanuel est le même seigneur qui possédait déjà une vie de ce grand génie par Gassendi.

En 1643 cet éloge remarquable, qui renfermait 500 vers, eut de nouveau les honneurs de l'impression à Paris et à Rome.

Une seconde impression d'une oraison funèbre ! réimprimer un discours prononcé à la tribune, quelque pamphlet ou quelque philippique, nous le comprendrions, mais ne pas s'appeler Bossuet et voir écouler deux éditions d'une oraison funèbre, on ne pourra nier que ce soit étonnant. Mais ce qui surprendra surtout, c'est que cet éloge ne parut que cinq ans après la mort du savant à qui il s'adressait.

Il est, comme on le sait, deux sortes d'oraisons funèbres. L'une, qui parle tantôt du haut d'une chaire, en face du Dieu qui juge et du cadavre qui est là, immobile, au pied de l'autel, tantôt en présence du cercueil nu que la terre va dévorer, au milieu du champ de la mort, la tête découverte et baissée songe tristement à celui qui vient de disparaître. Pour cette oraison funèbre les grands effets sont vite produits. Quand un vieillard en cheveux blancs, comme Bossuet, viendra vous faire entendre *ce grand cri qui résonne comme un coup de tonnerre Madame, se meurt, Madame est morte ;* lorsqu'une voix émue et voilée viendra vous dire avec des pleurs dans la voix et le cœur gros de sanglots étouffés, viendra vous dire ce que fut cet homme dont vous voyez les restes à vos pieds,lorsqu'il vous retracera la gloire de son passé, lorsqu'il vous montrera la grandeur de ce qui fut et le néant de ce qui reste, vous serez facilement remué et cela se comprend.

L'autre oraison funèbre est bien différente. Rien en elle ne vient parler aux sens ; l'homme est mort, et c'est quelque temps après que vous venez raconter sa vie ou glorieuse ou touchante. Comprenez-vous toute la difficulté qu'il y aura pour l'orateur à remuer l'auditoire ; ne s'adressant qu'au souvenir qui s'éteint hélas ! si vite, ne parlant qu'à l'intelligence, il n'aura pas, comme je viens le dire, pour puissants auxiliaires de l'émotion, il n'aura pas ces grandes démonstrations de deuil qui touchent le spectateur, il n'aura pas, en un mot, cette mise en scène qui aide si puissamment à galvaniser la partie intelligente de notre être. Si donc, dans cette seconde espèce d'oraison funèbre, l'orateur parvient à faire vibrer quelque chose au cœur de celui qui l'écoute ou de celui qui le lit, il faudra réellement que le talent soit grand ; or, c'est ici justement le cas de notre poète ; ce n'est que cinq ans après la mort de Peyresc qu'il fait son éloge funèbre et il parvient à émouvoir, d'où je conclus que l'œuvre devait être excellente pour arriver à cela.

Voici comment Gassendi s'exprime en parlant de cette oraison dans la vie de Peyresc :

...*Ex quibus nemo succenseat, si honoris causà, Viassium seponam, qui ut Peyreskium summè coluit, ac summo illi in pretio fuit, ità se impigrum exibuit in condendo Poëmate, quo laudes viri egregias prosecutus est decentissimè, copiosissimèque.**

« Que personne ne s'étonne si je sépare de Vias des autres poètes, lui qui honora Peyresc autant qu'il en fut estimé, et qui, en créant son poème, sut allier dans ses éloges la décence et la prodigalité. »

Encyclopédie vivante, Peyresc mourut dans les bras de Galilée ; sur le désir du pape, son oraison fut prononcée à Rome par J.-J. Bouchard, de Paris, et le monde des lettres fut si unanime dans ses regrets que l'on compta jusqu'à quarante langues différentes employées dans les morceaux composés en son honneur. Ce que nous pouvons ajouter à la

* Voy. Vie de Peyresc, par Gassendi, livre 6. f. 398.

mémoire de Peyresc, c'est que cet ami de Malherbe fut également celui du poète qui nous occupe. Aussi de Vias ne fut pas oublié dans son testament ; choisi pour l'un de ses exécuteurs testamentaires, il fut héritier de plusieurs médailles d'une grande rareté.

Ce fut vers cette époque que les travaux littéraires de de Vias furent un instant interrompus par quelques différends qu'il eut avec le moine Pierre de Saint-Louis. Quelques mots à ce sujet intéresseront le lecteur, et malgré la courte digression que cela nous occasionnera, nous n'osons résister au plaisir de montrer une figure originale et piquante.

Pierre de Saint-Louis appartenait à la règle du Carmel, dont le couvent, le premier de cet ordre en France, fut créé en 1328, dans le terroir de Marseille, aux Aygalades.

Ce fut un homme curieux tant au physique qu'au moral. Nouvel Esope, il en avait l'esprit, mais peut-être plus que lui il aimait à mordre son prochain.

Il était affreusement laid ; affecté de deux

bosses, l'une devant, l'autre derrière, il avait une tête dont la grosseur égalait presque celle du notaire Borghini *; aussi Nicolas Follard, l'auteur de sa vie, dit-il « qu'elle se détraquait souvent et Dieu sait, ajoute-t-il, toute la peine que son ami dévoué, le Père Grolier, avait quelquefois à la remonter, car il était son horloger. »

Dans les loisirs que lui laissait la vie monastique, ce Père cultivait la poésie, mais ce en quoi il excellait, *dit-on*, c'était dans les anagrammes. Il avait un talent particulier pour vous saisir un nom, le tourner et le retourner, et en faire jaillir un je ne sais quoi, composé d'esprit et assaisonné d'un sel, un peu grossier parfois, mais qui, il faut le dire, était parfaitement approprié aux goût de l'époque.

* Ce crâne, vraiment phénoménal, se voyait autrefois dans la sacristie des Pères Observantins, dont le cloître a été rasé par la faulx de la première révolution. Il est aujourd'hui exposé dans les vitrines du Muséum d'histoire naturelle de notre ville, créé en 1819.

La chronique rapporte que ce personnage allait quelquefois faire des promenades à cheval et que le poids de son énorme tête entraînait souvent son corps qui ressemblait assez à celui d'un pygmée.

Nous n'en citerons que deux ; elle ont le mérite de n'être pas exagérées et c'est déjà beaucoup. Toutes deux sont en l'honneur de sainte Marie-Magdeleine :

> Sancta Maria-Magdalena
> Es alta, magna ac miranda.

(Tu es haute, grande et admirable.)

Voici la seconde :

> Beatissima Maria-Magdalena
> Rea, in ea balma admissa, gemit.

(La coupable (réfugiée) admise dans cette grotte, gémit.)

Heureusement pour sa réputation littéraire, Pierre de Saint-Louis ne se contenta pas de ce jeu plus brillant que solide, et son talent lui fit mettre au jour deux ou trois poèmes assez remarquables ; je dis assez remarquables, et si nous nous transportons en effet à l'époque où furent écrites ces pages, je crois que le lecteur sera de mon avis.

On nous pardonnera d'en donner ici quelques extraits ; ils sont curieux et l'on comprendra en les lisant l'hésitation que mit le Père provincial à donner son approbation pour les faire imprimer. L'un d'eux était en l'honneur de sainte Magdeleine, l'autre en celui d'Elie le patron de l'ordre du Carmel. Ces deux poèmes sont peu connus. Le premier, dû à un souvenir de jeunesse, est bien moins soigné que le second, nous allons donc citer d'abord celui-ci, nous parcourrons rapidement ensuite quelques vers de l'autre, et ce sera par la vue des deux œuvres que l'on pourra mieux apprécier la tournure d'esprit et la manière d'écrire du poète religieux. La *Magdeleine*, nous soulignons le nom, car il en vaut la peine, commence par une invocation d'une désespérante longueur, il arrive néanmoins au bout, et c'est là que se trouve le portrait de son héroïne ; nous n'en parlerons pas, nous ne citerons que les vers suivants que médite Magdeleine et que nous devons, dit le père, méditer avec elle :

Au pied d'un Crucifix, une Teste de mort,
Ou de Morte plutôt leur déclare son sort,
Y voyant sur son front ces paroles écrites,

Qu'avec elle Lecteur, il faut que tu médites :
« Dans les trous de mes yeux et sur ce crâne ras,
Vois comme je suis morte et comme tu mouras,
J'avois eu, comme toy, la chevelure blonde,
Le brillant de mes yeux ravissoient tout le monde,
Maintenant je ne suis que ce que tu peux voir,
Sers-toi doncques de moy comme de ton miroir *. »

Ce discours d'une tête de mort est éloquent et malgré quelques expressions triviales et usées, on ressent en les lisant une impression triste et saisissante. Le reste du chant est un mélange d'antithèses et de longueurs, et il poursuit en peignant les rigueurs qu'exerce la sainte envers ce corps; il nous montre Magdeleine :

. . . . . . Les larmes aux yeux, les plaintes à la bouche,
Une main sous la tête et les cheveux rampants,
Jusques à ses talons, en façon de serpents,

Il nous la montre gémissant et pleurant :

. . . . Au dessous de cet affreux rocher,

(qui est devenu)

* La Madeleine au désert de la Sainte-Baume en Provence, poème spirituel et chrétien, par le P. Pierre de Saint-Louis, religieux Carme de la province de Provence. 1 vol. Lyon, MDCC.

Son Dôme, son Couvert, son Lambris, son Plancher,
Sa Chambre, sa Maison, son Cabinet, sa Salle,
Son Toict, son Pavillon et son Impériale,
Son Palais, son Jardin, son Champ, sa Basse-Cour,
Son Château, son Rempart, son Donjon et sa Tour,
Son Alcove, son Lit, son Fort, sa Citadelle,
Son Temple, son Autel et toute sa Chapelle,
Où la nuit, par un trou tout-à-fait obligeant,
La Lune luy fournit une lampe d'argent,
Puis le jour, le Soleil, son frère à l'ordinaire,
Vient par ce même endroit prêter le luminaire;
Pour cierges ou flambeaux, en de si sombres lieux,
On peut voir seulement les éclairs de ses yeux,
Qui sont les Bénitiers d'où coule l'eau bénite,
Qui chasse le démon jusqu'au fond de son gîte.

Nous ne dirons rien sur tout ce passage, sur cette lune, sur ce soleil, sur l'éclair de ses yeux. Montrer ces vers, c'est les faire juger.

Le second poème* est plus soigné, mais il fourmille encore d'expressions plus qu'audacieuses, c'est un mélange de profane, de

* L'Eliade, ou triomphes et faits mémorables de saint Elie, patriarche des Carmes, poème héroïque divisé en trois chants, par le R. P. Pierre de Saint-Louis, carme. A Aix, chez Augustin Pontier, libraire, 1827.

Un livre est bien souvent un trésor; et le retenir toujours égoïstement pour soi, c'est enlever à la circula-

sacré, d'oppositions, de trivialités, tout cela coupé par des vers assez éloquents parfois, mais si rares que l'on ne peut comprendre l'engouement qui s'empara des contemporains à la lecture de ce fastidieux poème.

Après un commencement qui ne veut pas finir, où il prie les séraphins d'adoucir son chant :

Adoucissez mon chant avec votre bémol
Et faites que je puisse aller jusqu'à mon *sol* ;

où il appelle Elie *pur esprit*, *ange incarné*,

Un séraphin humain, un homme séraphique,
Un dieu donné du ciel, et le phénix unique,

il trouve moyen encore de reprendre une nouvelle invocation, mais cette fois-ci d'une manière plus curieuse ; au lieu d'invoquer Apollon, comme on s'y attendait, il le chasse de devant lui. Les deux ou trois lignes qui

tion une partie de cette monnaie publique que l'on appelle la science et l'intelligence.

Aussi remercions-nous publiquement M. l'abbé Albanès. Nous lui devons de précieux renseignements sur Pierre de Saint-Louis, ainsi que la connaissance du poème de l'Eliade. Il nous en a fait part avec son obligeance habituelle, et c'est à lui que nos lecteurs doivent de connaître ce livre si curieux

suivent sont assez bien tournées pour que nous les mettions sous les yeux de nos lecteurs :

Pour toi, faux Apollon, tes lauriers sont séchés,
Tu ne saurais ici trouver aucune place.
Retourne avec tes sœurs sur ton double Parnasse.
Je croirais à bon droit de me faire moquer,
Si j'avais seulement pensé à t'invoquer.
L'eau de ton Hippocrène engendre la folie,
Je n'y bois plus, ayant la fontaine d'Elie,
Et je m'estimerais doublement criminel,
Si pour ton double mont je quittais le Carmel.

Je ne vous montrerai pas le portrait qu'il fait d'Elie lorsqu'il l'appelle grand général.

Ses yeux sont des éclairs, sa parole un tonnerre,
La foudre dans sa main renverse tout par terre,
L'éclat de ses vertus et le bruit de son nom,
Donnèrent plus de peur que celui d'un canon..

Je ne vous citerai pas les prodiges qui accompagnent la naissance du prophète, ce qui amène notre poète à faire une dissertation sur les naissances d'Alexandre-le-Grand, de César, de saint Charles Borromée, du pape Célestin qui

Fut vu, n'étant qu'enfant, par sa mère dormante,
En forme de pasteur, d'une façon charmante;

Revêtu de pompeux et précieux habits,
Plus blancs que n'était pas le lait de ses brebis.

Il vaut mieux courir rapidement et glaner ça et là sans s'arrêter. Ne trouvant rien à dire sur l'enfance de son héros, Pierre de Saint-Louis montre clairement que Dieu a voulu par là nous défendre :

De croire qu'un tel homme ait pu faire l'enfant.

Aussi Elie, dès son âge le plus tendre, voulut-il se retirer dans une caverne.

Nous ne continuerons pas l'analyse du poème, nous y verrions Elie

.. Se servant du monde et de sa vanité,
Lever le drapeau blanc de la virginité.

Puis une fois dans le désert, nous l'entendrions parler de son bonheur en termes convaincus ; plus loin, nous apercevrions le démon, furieux de voir cet homme lui enlever tant de procès, tenir un discours fort curieux qui commence par ces mots, où nous ne savons pourquoi notre religieux a mêlé le nom de de l'anglais :

On m'adore partout, au couchant, au levant,
Et je trompe partout, toujours et fort souvent.

Au tombeau du soleil, au berceau de l'aurore,
L'Abissin, le Chinois, l'Indien avec le Maure,
Le Tartare, l'Anglais, le Grec et l'Egyptien.

Et puis arriveraient la famine et la veuve de Sarepte, dont Elie ressuscite le fils, le sacrifice des prêtres de Baal,

Pour connaître quel dieu gagnerait la couronne.

La pluie abondante qui tombe du ciel, la fuite du prophète que Dieu encourage et à qui un ange apporte du pain, la fondation de l'ordre par Elisée sacré par Elie, puis enfin d'interminables rimes sur les premiers couvents et les premières visites du fondateur.

Mais tout cela nous entraînerait trop loin et l'on nous permettra de revenir à la querelle du Carme et de de Vias.

Ce dernier connaissait les travers de notre religieux.

Lors donc qu'on lui présenta le premier chant de la *Magdaleneïde*, il était disposé à lui accorder un bienveillant accueil ; par malheur, celui qui lui offrait le poème était un moine de l'ordre, enthousiaste admirateur de Pierre de

Saint-Louis et qui, en donnant connaissance de ces vers à notre poète, les lui cita comme au-dessus de tout ce que l'on pouvait écrire sur un pareil sujet. Il n'en fallut pas d'avantage pour piquer de Vias. Les poètes ont l'humeur pointilleuse, et de Vias ne put résister à la tentation de rire un peu aux dépens du premier génie du siècle, comme l'appelait son admirateur. Il colporta le poème de connaissances en connaissances, et un rire universel, semblable à celui qui accueillit Vulcain dans l'Olympe, s'empara des auditeurs.

Pierre de Saint-Louis fut informé de cela. Ne pas l'admirer, passe encore; mais se moquer de lui, c'était par trop fort! Une tempête violente s'amoncela sur la tête de de Vias, et quelques jours après une anagramme terrible vint le terrasser.

Ane bâté, lui écrivit Pierre de Saint-Louis.

Baoutazar de Vias
Dia, uro, aze basta.
(Marche donc, âne bâté.)

De Vias ne voulut pas engager de polémique sérieuse avec le moine du Carmel ; il se contenta de lui faire parvenir ces mots :

ASINUS CLITELLARIUS,

PETRO CARMELITÆ, ASINARIO SUO, SALUTEM.

Ita est Petre, Carmelite optime neque enim inficias ire possum. Poema tuum egregium, alteram Æneida, ludius tertius irrisi apud Ruffum cœnans. Hoc mihi ignoscas velim, quamquam ego minimè hic in culpâ sim ; in culpâ est coqua mea, quæ mihi eâ die bilem moverat, quòd pullem meam vino madida malè condiisset. Hanc tibi plectendam et anagrammatibus lacerandam trado. Quod ut facere possis, hujus tibi nomen mitto ; ea est Elizabetha de sancto Marcello ; quod nomen enim ferè omnia litteratum elementa complectatur tibi anagrammatum quantùm toti obruendæ sit satis, facilè sufficiet. Vale.

« L'âne bâté au R. P. Pierre Carme, son « ânier, salut. — Oui, mon révérend père, « (car à quoi bon le nier), j'eus, l'autre jour, « l'impertinence, soupant chez M. de Ruffi, « de me moquer de votre poème de la Magde- « leine, poème admirable et que je mets à

« côté de l'Enéide; je vous en demande par-
« don, quoique la faute n'en soit pas tant à
« moi qu'à ma cuisinière qui m'avait mis de
« mauvaise humeur, ce jour-là, en me don-
« nant, cette ivrognesse, une mauvaise soupe.
« Je vous la livre afin que vous vous vengiez
« de mon crime sur elle. Pour vous mettre en
« état de le faire, je vous envoie son nom ; elle
« s'appelle Elisabeth de Saint-Marcel, nom
« qui contient tout l'alphabet et sur lequel
« vous pouvez faire, non une, mais trente
« douzaines d'anagrammes et davantage si
« vous voulez. Adieu.* »

Ainsi se termina cette querelle où de Vias se conduisit avec dignité et retenue ; quant au religieux, la mort l'empêcha de jouir du succès de son poème. Ce qu'on ne saurait néanmoins contester, c'est qu'à tort ou à raison, Pierre de Saint-Louis jouit d'une assez grande réputation littéraire, et son principal titre de gloire fut son œuvre intitulée : l'*Eliade.*

* Mémoires pour servir à l'histoire de plusieurs hommes illustres de Provence, par Bougerel, de l'Oratoire.

Il a laissé en même temps plusieurs autres ouvrages, entr'autres : *la Muse bouquetière de N.-D. de Lorette*, qu'il publia en 1672 et qui fit assez de bruit

Ces différends entre de Vias et ce carme n'eurent heureusement pas de suite, et notre poète revint bientôt à ses habitudes ordinaires.

De Félix, nommé en 1653 premier consul à Marseille, reçut de la part de de Vias les félicitations suivantes :

Quæ data sors, duce te, nostræ feliciter urbis
    Muneribus, Felix, consulibusque fuit.
Discordes populos effræna libido trahebat,
    Vulgus et in partes ibat, et ira duas.
Hinc rixæ, hinc cædes et publica fasta, nefasque,
    Invidiæque ferox ultio, læsa fides
Ambitio cohibenda fuit, sors vincla furenti.
    Indivit et manibus nexa fuere tuis.
Huic divæ primus legemque urnamque dedisti
    Et quod conspicuo murice fulger ebur.
Hæc mox auratæ tibi munera detulit urnæ,
    Hic cuiquam emicuit purpura clara magis
Quam bene sic patrium sannivet fœdus amore,
    Hoc dignum ingenii nobilioris opus.

« Quelle direction as-tu heureusement donné aux charges et aux consuls de notre ville ; le libertinage sans frein entraînait les peuples en discorde ; la populace irritée flottait entre deux partis ; querelles, meurtres, vols publics le disputaient à l'envie qui se venge lâchement et à la mauvaise foi ; il fallait réprimer l'ambition et le sort vint lier les mains de la fureur. Le premier; tu lui donnas une urne et une loi, et l'ivoire brilla alors sur ta pourpre. Aussi bientôt l'urne te fut-elle favorable, et jamais la pourpre ne fut mieux illustrée. Ainsi l'amour de la patrie trouva sa récompense et ton œuvre fut celle d'un esprit distingué. »

Dans les premiers mois de l'année 1657, Christine Marie-Alexandrie, reine de Suède, venant de Rome sur une des galères que le pape avait tout exprès fait affréter pour elle, descendit à Marseille. Son arrivée au milieu de nous faillit être un instant l'objet d'une émeute qui n'eut heureusement pas de suite. Voici dans quelles circonstances eut lieu ce soulèvement : le roi ayant ordonné de rendre à cette souveraine tous les honneurs dus à son rang, les procureurs du pays qui résidaient à

Aix s'empressèrent d'aller au devant de cette royale visiteuse, coiffés de leurs chaperons. Les échevins de Marseille, qui eux n'avaient rien sur la tête, furent peu satisfaits de cette tenue et ils en témoignèrent un vif mécontentement. La foule en fut aussi choquée, et en les voyant, elle se mit à crier : *Fores Chaperons* *, « dehors les chaperons » ; il y eut jusqu'aux valets des procureurs qui eurent leur large part de cris et de huées ; les procureurs furent forcés de s'incliner devant la volonté, peut-être trop arbitraire, du peuple marseillais ; mais en se retirant de notre ville pour se rendre dans l'ancienne capitale de la Provence, ils exposèrent à leur tour le traitement qu'ils avaient éprouvé, et les habitants d'Aix en furent tellement mécontents que des murmures se firent entendre. Néanmoins l'accomodement ne tarda pas à se faire, et l'un des échevins de Marseille fut mandé à Aix pour éteindre, par l'entremise du premier président au parlement, un scan-

* Archives départementales, registre des délibérations de Provence, de 1639 à 1786, f° 35.

dale qui aurait pu avoir un fâcheux dénoûment et tout fut terminé. Revenons à notre récit.

Ce n'est pas, croyons-nous, le 29 juillet 1656, comme l'avance Grosson, ainsi que divers autres auteurs, mais bien vers le commencement de l'année 1657 * que la reine de Suède vint nous visiter. L'épidémie** qui régnait alors

* Archives départementales, registre des délibérations de Provence, de 1639 à 1786, folio 35.

** Marseille a été bien malheureuse de n'avoir pas toujours dans ses murs une reine dont l'œil eut un si magique pouvoir.

Parmi toutes les villes décimées par quelque fléau ou quelque épidémie. il en est peu qui en aient si souvent été atteintes que cette dernière cité. Tantôt, cachée sous les vieux vêtements d'un matelot mort dans la traversée, la fièvre jaune apparaissait avec son souffle de feu et moissonnait la moitié de la population : tantôt, s'élançant haletante d'une simple balle de coton, la peste au regard effaré, au teint livide ; la peste courait de porte en porte, encombrant les maisons de cadavres, couvrant les pavés des rues d'hommes tordus par la douleur ou de femmes échevelées et expirantes. Plus de vingt fois, la vieille ville phocéenne a été ravagée par ces fléaux, plus de vingt fois elle a été nivelée par ces maux dont la source était si mystérieuse et la main si pesante. Grâces à Dieu et aux précautions prises, depuis longtemps de semblables malheurs ne se sont plus renouvelés et ne se renouvelleront plus ; et d'autant plus, comme nous le disions en commençant, qu'il ne se trouverait peut-être pas de reine au regard magnétique pour fasciner le fléau et le dompter, comme Christine de Suède.

dans nos murs n'empêcha pas de recevoir Christine avec tout l'éclat et le cérémonial que comportait son rang. De brillantes fêtes furent organisées, et la galère qui l'emmena dans notre port fut chargée de fleurs et de figures allégoriques; des arcs de triomphe ornés d'emblêmes furent dressés sur son passage, et ce fut sous un de ces arceaux élevés en son honneur que B. de Vias, de concert avec Gaspard de Léon, écuyer de l'ordre royal, prononça un discours en prose française, plein d'élégance et d'esprit.

Cette harangue, dont nous allons citer quelques lignes, causa dans le peuple une vive impression, tant par la brillante diction de l'orateur que par le choix et le soin des expressions, car on sait que la langue française, au XVIIme siècle, commençait à peine à se propager en Provence et que le langage provençal était le seul idiôme usité parmi nous; les actes civils et judiciaires étaient seuls écrits en latin, et encore en un latin plus ou moins correct.

Voici comment de Vias s'exprima : « Madame,
« Si autrefois les Romains se réjouissèrent si fort de l'arrivée d'Esculape, l'hors que venant de Grèce le reccurent sur le Tibre, comme le Dieu tutélaire qui devoit apaiser le mal contagieux qui affligeoit leur ville, tout le peuple et le sénat applaudirent à son bord, couronnèrent de fleurs le navire qui l'apportait et lui dressèrent à l'instant des temples et des statues pour se le rendre propice.

« Madame, la ville de Marseille, à plus juste raison, a tressailli de joie, voyant aborder vos galères en nos mers, accompagnées des applaudissements des nymphes et des tritons, qui suivent vos voiles et Votre Majesté comme une déité plus salutaire que celle que l'histoire romaine nous rapporte ; et qui chassent, par les doux et favorables aspects qui sortent de vos yeux, toutes les mauvaises influences de ces astres malings qui semblent nous menacer et nuire au bon-heur et au contentement que nous espérons recevoir de votre arrivée.

« Ce soupçon de mal et votre descente inopinée en cette ville la surprend et l'empêche de rendre avec plus de soin à V. M. tous les honneurs qu'elle mérite, et que le roi nous recommande de lui déférer comme à sa propre personne. »

Après cet exorde où brille le goût mythologique de l'époque parti du cœur et ces éloges empruntés au bagage littéraire du temps, de Vias continue par ces mots plus caractéristiques encore :

« Vous imitez nos Clotildes et nos Blanches en votre piété, et les Sémiramis en leur magnificence, à votre courage cèdent les Panthésilées, et aux attraits charmants de vos appas, vos Amalasontes suédoises; vous égalez les Zénobies en chasteté, et toutes les muses en leur sçavoir; vous parlez avec elles : l'hébreu, le grec, le latin et presque toutes les autres langues de l'Europe. »

Mêlez à ces noms propres des citations latines, des allusions curieuses, des traits d'esprit remplis d'antithèses et de jeux de mots, et vous aurez l'idée exacte de ce qu'étaient les harangues d'alors; et encore nous prions nos lecteurs de le remarquer avec soin : ici nous avons au moins du style et de l'à-propos, choses qui manquaient bien souvent aux œuvres de ce siècle; notre poète termine par ces mots :

« Aussi êtes-vous fille de ce grand Gustave, dont les illustres victoires ont rempli l'univers de son nom et lui ont acquis d'avoir celles des Césars et d'Alexandre.

« Les années, Madame, ne me suffiroient pas pour débiter à Votre Majesté le moindre de ses puissants charmes, qui m'attirent à son admiration ! Eh comment dans un petit moment de temps que j'ai eu de me présenter à elle, ai-je osé l'entreprendre sans crainte de donner à ceste mer le nom de ma témérité : Madame, je l'ai fait et m'y suis conduit par les heureux auspices de vos regards et par les ordres que toute la ville nous a donné d'offrir en général et en particulier à V. M. nos très humbles respects et nos obéissances. »

Voici une harangue où bien certainement l'orateur a sacrifié aux grâces, mais où malheureusement aussi il a sacrifié, et du meilleur cœur, à la vérité! Est-ce donc que le langage officiel autoriserait ces tristes mensonges, ces contre-vérités qui vous font sourire d'abord, puis hausser les épaules; nous croyons que non; c'était bon, peut-être, pour ces temps où l'on parlait beaucoup, où l'on flattait quand même; mais de nos jours, on n'oserait pas, sans doute, aller aussi loin et flatter avec autant d'audace :

« *Vous imitez nos Clotildes et nos Blanches en votre pitié.* » En regard de ces paroles, nous allons montrer ce que dit l'histoire à ce sujet. Si cette dernière est parfois sévère, les moyens de contrôle qu'elle a à sa disposition en font au moins toujours un juge éclairé, sinon tout à fait impartial ; mais la postérité qui vient, après elle et sans parti pris, ratifier le jugement ou le corriger, la postérité n'est jamais induite en erreur; il est d'ailleurs facile d'en comprendre la raison. Elle discute sans passion ce que lui a dit la première, et de l'ensemble des faits, la déduction coule logique et claire; en un mot, elle est impartiale et les contemporains peuvent-ils l'être ?

« La vie scandaleuse qu'elle menait avait révolté tous les esprits contr'elle, et ses impudicités honteuses donnaient à tout le monde de l'horreur pour sa personne.

« Il n'y a point de charretier dans tout le Braban qui jure si furieusement qu'elle fait, et la plus effrontée m... qui soit au monde rougiroit en luy entendant dire les mots de b... qu'elle a continuellement dans la bouche.* »

A quoi donc pensait de Vias en comparant cette femme impudique à nos saintes et pures reines, à ces modèles des épouses chastes et des souveraines bonnes et adorées. Mais croyez-vous que l'éloge s'arrête là ; non, il va plus loin encore ; laissant le côté moral, que

* Histoire de la Reyne Christine de Suède, 2me édition revue et augmentée. — Stockolm, chez Jean plein de courage. 1682. pages 47 et 49.

parfois l'on ne peut bien juger, il en vient à tracer le portrait physique de Christine et il loue les grâces et les appas de l'illustre visiteuse. Or, nous allons donner son portrait véritable, et l'on comprendra quelle bonne volonté et quel courage il a fallu à notre héros pour la louer ainsi :

« Sa taille est tout-à-fait irrégulière, elle est voutée, elle a une hanche hors d'architecture, elle boitte et cela ne luy sied pas bien, elle a le nez plus long que le pied, elle a les yeux assez beaux, mais elle n'a pas la vue bonne, elle rit de si mauvaise grâce, que son visage si ride comme un morceau de bazanne, que l'on met sur des charbons,..... Elle n'a pas la bouche laide pourveu qu'elle ne rie point, elle n'a pas beaucoup soin de ses dents, qui sont assez infidelles de leur naturel.* »

On nous dira peut-être que celui qui parle ainsi se risque au travers de détails que l'on connaît rarement seulement par ouï-dire, et que peut-être un amant dédaigné ne s'expri-

* Même ouvrage, page 13.

merait pas autrement; ceci n'entre pas dans le cadre de notre appréciation, ce sont de ces choses que l'on abandonne au jugement de chacun; et d'ailleurs, comme on le sait, en cela *tot capita, tot sensus*, autant de têtes, autant de sentiments.

Mais malgré la morale dépravée et honteuse qui gouvernait la vie de Marie-Christine, il y avait dans cette reine une intelligence et une capacité peu ordinaires. Des deux flambeaux qui éclairent la vie de la femme, la pudeur et l'intelligence, elle avait éteint l'un sous les pieds, mais l'autre avait magnifiquement resplendi.

Elle expliquait, dit l'histoire, « avec une merveilleuse facilité, les mathématiques, la philosophie, la morale ; et toutes les sciences naturelles n'ont point échappé à sa connaissance qu'elle a portée jusques dans la théologie. * »

Nous nous contenterons d'ajouter un seul mot; c'est qu'il peut se faire que cette haran-

* Voyez son histoire déjà citée, page 19.

gue ne soit pas de de Vias. De concert avec de Léon, il harangua Marie-Christine, ne serait-ce pas peut-être quelques paroles prononcées par son collégue que l'écrivain nous aurait conservées? *

On comprend que, sur ce point, il nous serait difficile de nous prononcer.

Pendant quatre années, B. de Vias garda le silence; il se réveilla tout-à-coup en mettant au jour un ouvrage remarquable: « *les trois Grâces, Charitum libri III, ad Henricum Lud. Hubertum Montmorium regi a consiliis et libeliorium supplicum magistrum.* — Parisiis 1660, in-4° è typographià Edmundi Martini. — Ce poème qui obtint une brillante place à côté de ses autres œuvres, fut dédié à L.-H. de Montmort, conseiller d'Etat et maître des requêtes. La dédicace portait ces lignes: « Recevez-les, dit-il à ce conseiller, comme vos enfants, elles portent avec elles toute leur candeur; quoique jeunes, elles ont le mérite d'un âge mur; elles sont savantes sans faste, gaies sans effronte-

* Voy. Grosson, ses almanachs historiques.

ric et éloquentes sans babil. Cet ouvrage est le fruit de dix années de travail et l'unique occupation de mon loisir de ma soixantième à ma soixante-et-dixième année.* »

Le poids des ans ne porta jamais atteinte à ses poésies d'une fraîcheur toujours nouvelle ; « un morceau remarquable est la 3me idylle du 1er livre : » — « A charitibus petit poeta « novos ignes et a musis perpetuam suæ cha- « ritati juventutem. » — « Parfois il revêt de vers élégants une pensée assez puérile; telle est la 50me idylle du 3me livre : « Dentium dolor « amore atrocior. » — « C'est un parallèle assez court, du reste, entre les maux de dents et ceux que cause l'amour. « Le premier, dit-il, « est plus cruel, mais la dent arrachée, tout « cesse, tandis que les yeux d'Aglaé font un « mal qui n'a pas de remède.* »

Dans d'autres idylles, de Vias chante la

* Voyez : Mémoires pour servir à l'histoire de plusieurs hommes illustres de la Provence. — Paris. MDCCLII, imprimerie de Herissant.

* Essai sur la littérature à Marseille depuis le dix-septième siècle jusqu'à nos jours, par Gaston de Flotte. — Paris 1836, fº 44.

cour et les illustrations de notre belle Provence et surtout de Marseille, nommée par Pline la maîtresse des sciences. Qu'il me soit seulement permis de faire remarquer que s'il avait le talent des hommes supérieurs, il en avait aussi cet orgueil légitime que nous ne devons pas confondre avec une sotte vanité. C'est ainsi qu'après avoir parlé de sa famille à laquelle il témoigne une vive et tendre affection, il ne s'oublie pas lui-même.

Passant en revue ses titres nobiliaires, son origine et son goût pour l'art poétique, il ajoute naïvement, que malgré son profond penchant pour tous les poètes latins et la facilité avec laquelle il fait vibrer les cordes de sa lyre, il s'est laissé quelques fois gagner par la paresse. Il nous fait connaître qu'il redoutait le travail qui réclamait de son imagination de l'application et de la pensée. Cependant au milieu de ces petits défauts qu'il avoue avec modestie, on voit luire dans *les Trois Grâces* de de Vias, des sentiments délicatement exprimés qu'anime le souffle d'une poésie pleine de feu et d'un enthousiasme remarquable.

Nous avons parlé plus haut du bon Henri, surnommé *le roi des braves* ; de Louis XIII ; des exploits des Français ; de la Provence, au ciel toujours d'azur ; de Marseille, « cette double ville, l'une de pierre et toute française, l'autre en bois et flottante, où le monde entier est représenté. » *.

Il serait mal à nous d'omettre Louis XIV, ce grand et puissant monarque pour lequel de Vias a écrit ces mots :

Cum mea primævo florebat vere juventa
 Musa tuo cœpit ludere carmen avo :
Et vario Henrici celebres emblemate pugnas.
 Et templa immensum ferre per alta decus.
Gallorum fastos æternaque regna triumphis
 (Majus opus) patri detulit inde tuo.
Inseruitque meas regali in stemmate sylvas.
 Queis dedit in Pindo Phœbus habere locum.

Charit. f. 1.

« Ma jeunesse florissait à ses premiers printemps, lorsque ma muse commença à célé-

* Léo Dupré.—Pélérinage à la Ste-Baume.—Mosaïques du Midi. 1839.

brer ton aïeul, à chanter dans diverses poésies les combats célèbres d'Henri et à montrer sa gloire, dans ces temples élevés à sa mémoire. De là, travail plus considérable, elle a offert à ton père les fastes des Gaulois et de ce royaume dont les triomphes seront éternels ; puis elle a fait accueillir mes *Silves*, dans les forêts royales, mes *Silves* auxquelles Phébus a donné une place sur le Pinde. »

Ainsi que j'ai eu l'occasion de le dire, de Vias était septuagénaire lorsqu'il fit paraître le recueil précité qui fut son dernier :

Jam septena decas nostris numeratur in annis.

Charit f. 827.

« Déjà la 70me décade s'ajoute à nos années. »

Il poursuit en disant qu'il s'occupe à préparer un travail sur la conquête de l'Amérique ; c'était, il paraît, un sujet qui plaisait à son génie ; les tempêtes de l'Océan, les angoisses qui devaient serrer le cœur des illustres navigateurs ; la vue magique qui se déroula à leurs yeux lorsqu'ils mirent le pied hors de leur vieux navire, tout cela devait lui fournir de magnifiques épisodes et d'émouvants récits. Seulement, en commençant son ouvrage, de Vias semblait pressentir qu'il ne l'achèverait pas ; son grand âge pesait lourdement sur lui, et il prévoyait que bientôt la mort allait le moissonner. « J'ai commencé un grand ouvrage mais peut-être trop tard ; je veux chanter les Indiens et les rivages de l'Amérique. »

> Magnum opus incepi, sed forsan serius, Indos
> Dicêre, et Americi claustra reclusa freti...

N'est-ce pas que ce *forsan serius*, *peut-être trop tard*, est bien triste. Le grand poète ne redoute pas le trépas ; est-ce que l'homme qui a vécu peut craindre la mort ? Et d'ailleurs pourquoi avoir peur de voir le songe se terminer ? Pourquoi avoir peur de ce court passage, qui va montrer au croyant la réalité de ce mystère que l'on appelle l'autre vie ? Aussi ce n'est pas là ce qui rend son âme soucieuse. Deux choses se présentent à son esprit, et sa plume les traduit aussitôt.

D'abord le poème qu'il a commencé restera inachevé; et c'est toujours pénible pour le cultivateur de ne pas voir mûrir les grains de blé confiés à la terre, surtout quand le soleil est beau et le temps favorable. Mais se qui tourmente le plus de Vias c'est la simple idée que sa poésie sera délaissée après sa mort ; or pour celui qui sait que la seule ambition de l'homme est de perpétuer son souvenir à travers les siècles et que cette ambition a créé autant de grands hommes que de grands scélérats, depuis Alexandre jusqu'à Napoléon, depuis Erostrate jusqu'à Lacenaire, celui-là comprendra facilement la douleur que le poète devait ressentir à la pensée que peut-être ses œuvres, fruit de ses veilles et de son talent, seraient complètement oubliées. C'est alors qu'il adresse à ses muses bien aimées des vœux pour prévenir un semblable abandon, et doutant de la prudence de ses héritiers il leur dit :

Vester honos agitur, mites Heliconis alumnæ,
In vestros versus hoc prohibite nefas.
Colligat hæc olim nostris et ossibus alter,
Nec sinat adversa nocte. situque premi .

« Votre honneur est en jeu, douces élèves de l'Hélicon ; empêchez ces profanations à l'égard de vos vers ; qu'un autre un jour vous choisisse au milieu de mes dépouilles, et qu'il ne souffre pas qu'ils soient couverts par la nuit ennemie. »

Ses pressentiments se réalisèrent malheureusement ; une impardonnable négligence due aux héritiers de notre poète, entraîna la perte des poésies de de Vias.

Les manuscrits inachevés sur *la découverte des nouveaux astres*, car de Vias au talent de poète joignait celui d'astronome, eurent le même sort que ceux de son poème épique sur *la Découverte du Nouveau Monde*. De Vias devait la création de ce dernier ouvrage à l'initiative du pape Urbain VIII.

Heureux d'avoir réussi dans le genre sérieux, de Vias voulut s'essayer dans la composition badine, et on parla beaucoup d'une lettre de 76 vers hexamètres ayant pour suscription : *Francisci Pererii peponi respondet Balth. Viassius.* Il paraît que son ami du Perrier lui avait envoyé un magnifique melon. S'emparant de l'occasion qui s'offrait à lui, de Vias fit une longue épitre, dont malheureusement il ne nous reste plus rien ; et c'est fâcheux, car nous aurions pu juger de son mérite dans ces compositions légères. Si néanmoins nous jugeons du mérite de l'œuvre par le bruit qu'elle fit, elle devait être assez bonne ; une réflexion s'offre ici naturellement à l'esprit ; c'est qu'il n'est pas d'écrivain traitant de choses sérieuses, qui de temps en temps ne se soit amusé à broder quelque canevas plus gai, et n'ait voulu mêler un peu de rire aux larmes qu'il faisait verser d'habitude. Regardez nos auteurs tragiques ; Corneille a *son Menteur*, Racine a *ses Plaideurs*, Ducis a ses pièces badines, Voltaire a ses *contes* philosophiques. — Une discussion nous entraînerait trop loin à cet égard ; seulement le fait existe, soit qu'on l'attribue au besoin que ressent l'écrivain de laisser reposer les cordes trop tendues de son esprit, (ce que disent quelques-uns et ce qui n'est pas mon avis), soit plutôt qu'on y voit le désir du poète de montrer qu'il est apte à manier d'autres armes, et qu'il sait plier son génie à toutes les exigences du rire comme de la douleur.

Les limites que nous nous sommes imposées pour esquisser la vie de ce poète seraient promptement dépassées s'il nous fallait prononcer un jugement sur tous les poèmes de cet homme de talent; nous avons dû malgré nous, nous borner à énumérer les titres des œuvres produites et nous contenter d'en apprécier une ou deux. A cette époque où le roi était la nation, l'éloge du roi renfermait celui de la nation, et à cet égard nous pouvons dire que de Vias devait posséder à un bien haut degré un cœur sincèrement français ; il nous en donne du reste la preuve ; et ses débuts dans la carrière qu'il s'était ouverte sont dignement terminés à la fin de ses jours. A chaque pas on rencontre un éloge royal, un souvenir glorieux, et dans ce tourbillon d'honneurs qui viennent le chercher au milieu de sa vie la vanité ne s'unit jamais à la modestie.

Les plus grands savants du monde, les gens

de lettres les plus distingués se sont fait un devoir de rendre hommage au talent de cet illustre personnage. Les Quesnay, les F. Bouneau, les Ch. Duperrier, les De Launoy, les Galilée, les Chapelain, les d'Expilly, les l'Aubespine, les de Sainte-Marthe, les Rigault, les Balzac, les Moreri et tant d'autres aussi célèbres se sont efforcés de lui tresser une couronne éclatante de gloire.

Nous voudrions citer quelques lignes de de leurs brillants éloges, mais nous préférons rentrer plus spécialement dans l'histoire locale, et le fait que nous allons mentionner est assez curieux pour être rapporté.

Tout le monde connaît Jean-Baptiste Gault, un de nos anciens évêques, si célèbre par ses vertus et sa pitié et si recommandable aussi par ses connaissances personnelles. Ce saint prélat était tombé malade. Après quelque temps la maladie parut céder et Mgr. Gault entra en convalescence. De temps en temps néanmoins, des douleurs aiguës venaient le tourmenter ; et pour les tromper, il éprouva le besoin de lire quelque chose, pensant que l'attention qu'il porterait à la lecture du livre détournerait sa pensée du mal qui le fesait souffrir. Un de ses amis lui avait proposé les poésies de de Vias, mais la profonde répulsion qu'avait cet évêque pour toute poésie profane lui faisait souvent répéter ces paroles de saint Paulin s'adressant à Ausone : « Pourquoi, mon père, m'ordonnez-vous de retourner aux muses délaissées? Les poitrines consacrées au Christ ne s'ouvrent ni pour les muses, ni pour Apollon. »

Et pourtant, malgré ce dédain pour la poésie mondaine, ce saint évêque consentit à lire les œuvres latines de de Vias. On les lui présenta, et il n'interrompit la lecture de ces beaux vers, « que pour louer ou la beauté de la pensée, ou les profondeurs de la doctrine, ou la facilité de l'expression, ou la chaleur vraiment poétique et divine qui anime les poésies dont ce rare génie a doté le public *. »

Après des paroles aussi flatteuses que sin-

* Vie de Jean-Baptiste Gault, par Marchetty.

cères, nous n'aurions pas grand'chose à ajouter; mais ce serait laisser notre tâche imparfaite que de nous arrêter au milieu d'une route où chaque pas nous fait rencontrer un nouvel éloge en faveur de ce poète.

« De Vias écrivait bien, dit Bougerel, sa poésie était aisée, naturelle et délicate; on n'y trouve à redire que son trop fréquent usage de la fable rend sa poésie obscure en quelques endroits. » — Il avait un goût prononcé pour la tragédie.

Nous sommes étonné que Baillet et Perrault ne lui aient pas donné une place brillante, le premier dans *Ses jugements des savants sur les principaux ouvrages des auteurs*; le second dans *Les hommes illustres qui ont paru en France pendant le XVIIe siècle.*

La Flandre, l'Allemagne, la Hollande firent expliquer dans leurs colléges les poésies de Vias, et l'on voit ici l'éternelle répétition de ce proverbe, *nul n'est prophète dans son pays,* car les nations étrangères accueillirent avec plus d'enthousiasme encore que la France les ouvrages de ce savant. Nous ne prétendons pas néanmoins poser notre poète en victime ; nous avons vu qu'il eut dans son pays une assez large part de réputation et d'honneurs.

Outre les morceaux littéraires qu'il fit imprimer il en est d'autres que de Vias fit graver sur la pierre, et ce ne sont pas les moins distinguées de ses œuvres. Je veux parler de ses épitaphes.

On voyait autrefois dans l'église des Grands-Carmes de Marseille une inscription tombale digne de curiosité, et qui démontrait qu'elle était faite de main de maître. On devine aisément qui en fut l'auteur : le génie de de Vias l'avait produite. Cette inscription lapidaire reposait sur un cénotaphe qui avait été élevé à la mémoire de Cosme II, de Valbelle.*

Fils d'Antoine de Valbelle et de dame Félix de la Reinarde, Cosme II, seigneur de Baumel-

* Je remercie M. Eugène de Ricard, ex-archiviste-adjoint à la préfecture de Marseille, de la bienveillance qu'il a eue à mon égard. Chaque fois qu'il a pu me fournir un renseignement, il l'a fait avec plaisir, et c'est à lui que je dois la connaissance de cette inscription.

les, se signala au combat qui fut livré devant Gênes, le 15 avril 1638, entre les galères de France et celles d'Espagne.

Il était alors âgé de soixante-et-dix ans, malgré cela sa bravoure fut extraordinaire et son héroïsme le plaça au premier rang parmi nos valeureux capitaines. Atteint de douze blessures, il eut encore assez de courage et d'énergie pour s'emparer de plusieurs galères ennemies, s'apercevant néanmoins que la lutte pouvait nous devenir fatale au moment où on le verrait tomber, et redoutant pour la flotte la privation de son chef, il se fit lier au mât de la galère où était son drapeau pour veiller jusqu'au bout sur ses vaillants soldats ; ce ne fut que lorsque la victoire nous resta, qu'on enleva les liens qui le retenaient et on le transporta mourant dans sa petite chambre où il rendit le dernier soupir. Le roi profondément ému d'une perte aussi vive écrivit au fils de Cosme II, et l'honora des mêmes titres qu'avait son père. La République de Gênes lui fit de pompeuses funérailles et il fut enterré dans cette même ville, dans la chapelle des princes Justianini.

Le tombeau des ancêtres de Cosme II étant à Marseille, de Vias fut chargé de retracer sur le marbre les hauts faits de cet homme si généralement regretté, et c'est ce qu'il fit avec talent et bonheur.

Indépendamment de cette inscription tumulaire de Vias en a fait plusieurs autres. Nous citerons encore celle de Nicolas de Beausset, lieutenant en la sénéchaussée de Marseille, qui sut se distinguer par un patriotisme dont le souvenir sera à jamais ineffaçable dans les pages de l'histoire de notre pays. Cette noble famille avait sa sépulture dans notre église cathédrale, et sur l'ardoise du mausolée on voyait briller en lettres d'or les principaux traits de la vie de cet homme incomparable. *

La poésie ne remplit pas toujours les moments de de Vias, il joignit à cet art celui de la numismatique et de la connaissance des objets antiques. Ses notes curieuses sur les

* La Major, par Casimir Bousquet.

monnaies turques et les lettres pleines d'intérêt qu'il adressa à ce sujet à son ami Peyresc, que notre poète avait connu à Paris, portaient avec elles un caractère qui révélait une étude approfondie de cette science. Il était parvenu à former un magnifique cabinet de médailles, « il en avait ramassé un grand nombre de toute sorte de métail et des plus curieuses qu'on pouvait souhaiter, mais elles ont été malheureusement dissipées après sa mort.* »

Au nombre des précieux monuments de sculpture antique qui faisaient aussi partie de cette superbe collection, on en admirait un en marbre représentant, au dire de Montfaucon et de Grosson, « un guerrier posé en pied sur un taureau passant et une aigle avec les ailes déployées est placée sous le ventre du taureau. » On lisait sur le socle :

DEO. DOLICHENIO
OCT. PATERNVS. EX-IVSSV. EJVS. PRO. SALVT. SVA.
ET. SVORVM.

« Au dieu Dolichenius Octavius Paternus.

* *Histoire de Marseille*, par Ruffi, tome II, f. 387.

D'après son ordre pour son salut et celui des siens. »

Dans Ses *usages et coutumes de Marseille*, Marchetty nous apprend qu'il fut « apporté par une de ces grandes cuillers avec lesquelles les machines que l'on entretien pour la cusre de notre port, enlèvent ce qu'elles trouvent de boüe et d'ordure dans le fond de l'eau. »

A propos de ce Dolichène, nous croyons que c'est le même personnage que Jupiter ; d'autant plus qu'il était adoré, dans notre ville, sur l'emplacement formé de nos jours par la rue des Consuls, là où furent trouvés les restes d'un temple dédié à Minerve.*

Ce beau sujet fut donné à notre poète et

* La *rue des Consuls* qui portait anciennement le nom des *Fabres*, tire son origine des trois consuls en exercice qui l'habitèrent en même temps. C'est à la sollicitation de ces trois magistrats que Jean Thierry écrivit le siège de Marseille par le connétable de Bourbon, en 1524, devenu fameux par les paroles que lui adressa le chevalier Sans-Peur et Sans-Reproche à Rébec.

Ces précieuses pages sur le siège de notre cité qui n'ont vu la clarté que tout récemment, furent achetées à l'époque par la ville qui regretta beaucoup de ne pas les voir rehaussées par quelques notes à ce sujet et portant la signature d'un écrivain marseillais.

passa plus tard entre les mains du comte de Brienne et du duc de Witemberg.

De Vias cultiva avec honneur la géographie ; le séjour des champs eut toujours pour lui beaucoup de charmes. — Les fleurs et les plantes firent souvent ses délices.

Pour donner plus de fidélité au travail que nous avons entrepris, nous terminerons par le portrait physique qu'en a tracé le père Bougerel.

« Le Seigneur en lui donnant un corps robuste et capable de résister aux plus grandes fatigues, l'avait avantagé d'un bon esprit, sa taille était médiocre, sa physionomie gracieuse. Son tempérament tenait le milieu entre la gaîté et la tristesse ; il fit paraître la même égalité d'âme dans la bonne comme dans la mauvaise fortune ; content du bien qu'il avait il n'envia pas celui des autres ; il sut se contenter de son sort ; plein d'honneur, sa muse ne sut jamais médire ; il ne la prostitua point à la flatterie et au mensonge pour acquérir la faveur des grâces. Il ne porta jamais envie à personne, aussi n'eut-il jamais d'envieux. »

De Vias ne laissa point d'enfant de son mariage avec Elisabeth de Caradet. Il mourut octogénaire, à Marseille, en 1667.

Au milieu des honneurs qui vinrent le chercher et des richesses qu'il avait acquises, il sut conserver une âme impressionnable pour le bien et un cœur compatissant.

Nous avons, en effet, sous les yeux, un précieux petit manuscrit, dont nous devons la découverte à M. L. de Crozet, qui s'est empressé dès qu'il a eu connaissance de notre travail, de passer en revue sa riche bibliothèque antique et qui au milieu de ses trésors, a trouvé cette feuille qu'il a bien voulu nous communiquer.

En 1657, Balthazar de Vias sut qu'Anthoine de Léon*, écuyer, avait l'intention de faire

* Parent, croyons-nous, de celui qui partagea avec Balthazar de Vias l'honneur de haranguer la reine de Suède.

bâtir une église dans un petit hameau, non loin de Marseille, et où il possédait lui-même des biens assez considérables.

S'associer à cette bonne et bienfaisante idée fut pour notre poète l'affaire d'un instant; après quelques démarches auprès d'autres propriétaires, ils passèrent ensemble un acte que nous avons en mains; cette pièce inédite est assez curieuse pour que nous la transcrivions :

« Nous soubsignés Possedants Biens au
« cartier de la Font des Mourgues civé* la
« Bégude-Terroir de ceste ville de Marseille,
« Estant vénu a nostre nottice que le sieur An-
« thoine de Leon, escuyer m'eu de Zelle et affec-
« tion pour le cartier Il auroit faict déssain de
« faire Bastir et construire Vne eglise et cha-
« pelle dans sa propriétté audict cartier pour
« la plus grande commodité des habitants, Et
« pour cest Efféet il a promis de Donner Gra-

* Nous trouvons assez souvent dans les vieux actes ce mot qui n'est autre que l'expression latine correspondant à notre conjonction *ou*.

« tuitement et pour aumosne la place néces-
« saire pour le Bastiment de telle Eglise, en
« tel endroit quil jugera de sa propriété au
« lieu et place de sa contribution, a la char-
« ge que le cartier contribuera a tout le Reste,
« jusques a perfection ; ce qu'a esté par nous
« considéré désirant séconder l'intention du-
« dict sieur de Léon veu que sa fin n'est que
« pour la plus grande gloire de Dieu et com-
« modité des habitants dudit cartier; Promet-
« tons de contribuer a la dicte construction
« chascun pour ce que sera déclairé au bas
« des Présantes, pour estre la dicte Eglise
« Bastie au plustôt que ce pourra ;

« Faict audict Marseille ce vingt sixième de juin mil six cens cinquante sept.

« *Signés :* Anth. de Léon, pour la plasse ;
« — B. de Vias, pour trente livres ; —
« Fx-Ant. Tideman, pour trente livres ; —
« Lazarin Doria, pour dix livres ; etc., etc. »

Nous aurions voulu dire beaucoup plus sur de Vias, qui fut à la fois poète, astronome et antiquaire, mais on comprendra notre brièveté sur ce point. Il n'existe presque plus rien de toutes ces belles pages poétiques qui lui ont fait une éclatante renommée. Il en est des œuvres de ce poète comme de ces ruines qu'un événement fortuit fait parfois rencontrer à l'archéologue dans ses pérégrinations sur les terres antiques. C'est donc un caprice de notre pensée qui nous a procuré l'avantage de révéler par le souvenir les ouvrages de cet homme dont le talent a fourni un vaste champ à ses nombreux panégyristes. Et nous dirons, en achevant, avec Casimir Bousquet, « que si la monographie des villes et des monuments constitue une des branches les plus importantes de l'histoire, on peut dire que la biographie de certains hommes en est le complément essentiel.[1] »

FIN.

[1] *Gazette du Midi* du 27 mars 1859.